AF595177

DANSERA-T-ON?

OU

LES DEUX ADJOINTS,

A-PROPOS-VAUDEVILLE EN UN ACTE,

DE MM. LEDOUX, LASSAGNE ET VULPIAN,

REPRÉSENTÉ, POUR LA PREMIÈRE FOIS, LE 4 NOVEMBRE 1825, SUR LE THÉATRE ROYAL DE L'ODÉON, PAR LES COMÉDIENS DU ROI.

PRIX : 1 FR. 50 CENT.

A PARIS,

CHEZ BRUNET, LIBRAIRE,

SUCCESSEUR DE MADAME HUET MASSON,

RUE DE VALOIS, N° 1 *ter*.

1825.

PERSONNAGES.	ACTEURS.
M. DERCOURT, colonel, maire de la commune	M. JOLY.
VINCENT, premier adjoint	M. BULTEL.
SCRUPULE, deuxième adjoint	M. SAINT-PREUX.
CHARLES, sergent, fils de Vincent, amant de Louise	M. L. CHAPELLE.
BAPTISTE, brigadier, fils de Scrupule, amant de Caroline	M. LÉON.
CAROLINE, fille de Vincent	Mme ALBERT.
LOUISE, fille de Scrupule	Mlle AMÉLIE DORGEBRAY.
EUSTACHE, messier-garde-champêtre	M. SAMSON.
CHARLOTTE, grosse fille de ferme.	Mme MILEN.
UN PAYSAN	M. RIHOELLE.
VILLAGEOIS ET VILLAGEOISES.	

La scène se passe dans un village de Bourgogne.

Vu au ministère de l'Intérieur, conformément à la décision de Son Excellence, en date de ce jour.

Paris, le 14 octobre 1825.

Par ordre de Son Excellence,

Le chef du bureau des théâtres,

COUPART.

DE L'IMPRIMERIE DE E. DUVERGER, RUE DE VERNEUIL, N° 4.

DANSERA-T-ON?

Le théâtre représente la place du village; on voit dans le fond des arbres, à droite sur le premier plan une maison; à gauche et plus en arrière, une autre maison.

SCENE PREMIERE.

CHARLES, BAPTISTE.

(*Ils entrent vêtus comme des soldats qui voyagent.*)

CHARLES.

QUELLE singulière rencontre! comment c'est toi, mon cher Baptiste?

BAPTISTE.

Moi-même! comme tu vois, un peu secoué par les cahots de la carriole; c'est vrai, ils appellent ça des dormeuses, et quand on est dedans on a l'air d'un conscrit qu'on fait danser sur la couverture.

CHARLES.

Ne m'en parle pas, je suis plus fatigué d'avoir fait cinquante lieues là-dedans, que si j'avais passé trois nuits au bivouac. Comment diable aussi se fait-il que nous ne nous soyons pas vus pendant le trajet?

BAPTISTE.

J'étais en lapin!

CHARLES.

Moi, sur l'impériale.

BAPTISTE.

Je ne m'étonne plus:

AIR: Fidele ami de notre enfance.

Mon cher ami, tu devais être
Fier de ton élévation,
Et pouvais-tu me reconnaître
Dans mon humble position?
On perd si facil'ment la tête!
Tu n'es pas l' premier, entre nous,

Qui, parvenu jusques au faite,
Ne r'gard' pas ceux qui sont au-d'ssous.

CHARLES.

Dis plutôt qu'une diligence est comme la ville de Paris; on demeure sur le même carré, et l'on ne connaît pas son voisin!

BAPTISTE.

Ah ça! mais par quel hasard es-tu revenu au pays en même temps que moi?

CHARLES.

Tu sauras que depuis quinze jours je suis sergent; mon père n'en sait rien; je lui en ménageais la surprise pour le jour de sa fête, c'est aujourd'hui! comme le régiment doit faire étape ici après-demain, j'ai obtenu du colonel de prendre les devants pour faire préparer les logemens, et me voilà!

AIR: Des amazones.

Ah! pour mon cœur quelle douce allégresse!
Je vais revoir, en ce jour de bonheur,
Un père objet de ma vive tendresse:
Vous allez tous, secondant mon ardeur,
A sa santé boire et chanter en chœur!

BAPTISTE.

Bien volontiers; mais, dans la France entière,
Tout l'monde aura le mêm' plaisir que toi:
Chacun aussi criera: Vive mon père!
Puisqu'aujourd'hui c'est la fête du Roi.

(*Baptiste et Charles reprennent ensemble les deux derniers vers.*)

Moi, c'est pour chômer cette fête-là en famille, que j'ai demandé une absence de quinze jours. J'ai, comme toi, été trouver mon colonel, je lui ai dit: Mon colonel, v'là bientôt huit ans que je n'ai mis les pieds chez nous, ça m' ferait bien plaisir de revoir mes proches; laissez-moi partir, j'arriverai tout justement pour la saint Charles. Ils vont vouloir la fêter là-bas, et tirer sans doute quelques coups de fusil, de carabine ou quelque feu d'artifice; ils n'y entendent rien, ils n'ont pas inventé la poudre; moi j' pourrai du moins les mettre au courant, ça fait qu'ils n' se brûleront pas les doigts. L'colonel y a consenti; j'ai retenu ma place dans le grand carrosse, et fouette cocher! j'ai débarqué en même temps que toi. Je n'ai pas encore comme toi les galons d'argent, je ne suis que brigadier, je ne porte que de la laine, mais c'est égal, c'est de bon teint.

CHARLES.

Quel bonheur de respirer l'air de son pays!

AIR du Vaud. de l'Ile des Noirs, ou Pleins de l'attente la plus vive.

Tout y retrace notre enfance,
Voici la place de nos jeux!

BAPTISTE.

Plus loin, c'est la salle de danse;
Là, le bosquet des amoureux!

CHARLES.

En partant, ici, de ma mère
J'ai reçu les derniers adieux!

BAPTISTE.

En partant, ici, de mon père
J'ai mis à sec tout le vin vieux!

A propos! tu ne me parles pas de ma sœur Louise?

CHARLES.

Ni toi, de ma sœur Caroline?

BAPTISTE.

Dites donc, monsieur le fantassin, est-ce que votre amour pour ma sœur serait resté au fond de la giberne?

CHARLES.

Et vous, monsieur le hussard, est-ce que, relativement à la mienne, vous vous seriez souvenu que vous servez dans la cavalerie légère?

BAPTISTE.

Du tout, mon cher ami, on voit bien que vous ne connaissez pas l'école d'escadron : on peut aller en fourrageur, mais au premier son de trompette, on rentre au peloton et l'on se met en ligne.

CHARLES.

A la bonne heure! car pour moi, jamais sous-officier de voltigeurs n'a été plus constant. Pourvu que nos colombes nous soient restées fidèles!

BAPTISTE.

V'là le difficile!

CHARLES.

Comment nous en assurer?

BAPTISTE.

J'y songeais...

CHARLES.

Si nous ne nous présentions pas tout de suite; si nous prenions des informations?

BAPTISTE.

Il est encore de grand matin ; personne ne nous a vus ; tu as raison, il faut savoir à quoi nous en tenir sur cet article-là.

AIR : Oui bon gré mal gré. (Une journée chez Bancelin.)

Ton projet
Me plaît,
Ruse de guerre
Est nécessaire;
Car dans les amours,
Il est toujours
Tant de détours!

CHARLES.

Tâchons d'éviter, camarade,
Quelqu'embuscade ;
Tu sais bien qu'il faut,
Pour n'être pas pris en défaut,
Savoir, sans peur,
Aller en éclaireur.

ENSEMBLE.

Mon projet,
Ton projet, etc.

SCENE II.

LES MÊMES, CHARLOTTE.

CHARLOTTE. (*Elle tient une fourche.*)

AIR : Oh! Ah!

Dès l' matin, quand j'm'éveille,
Il faut voir comme j'ai faim!
D'la fatigue d'la veille,

Je m'souviens pas l'lendemain !
Qu'il fasse vilain ou beau,
Oh !
J' prends le temps comme le v'là,
Ah !
Il faut êtr' ben nigaud,
Oh !
Pour se tourmenter d'ça !
Ah !

CHARLES, *à Baptiste.*

Qu'est-ce que c'est donc que cette grosse fille-là?

BAPTISTE, *à Charles.*

Je ne reconnais pas ça ; ce n'est pas du pays!

CHARLOTTE.

Même air.

A la dans' y a des drilles,
Qui vous font le semblant
D'v'nir inviter les filles
Pour les laisser en plan !
Loin d'avoir l'bec dans l'eau,
Oh !
J'dans' tout' seule,... et voilà,
Ah !
Il faut ét' ben nigaud,
Oh !
Pour se tourmenter d'ça !
Ah !

CHARLES.

Il faut lui parler!

CHARLOTTE.

Même air.

A quoi sert qu'on s'marie,
Si c'n'est que pour maigrir ?
C'n'est pas la jalousie,
Moi, qui me f'ra périr !
Qu'Eustache dev'nant faraud,
Oh !
M'fass' des traits, on y'en f'ra,
Ah !

Il faut èt' ben nigaud ,
Oh !
Pour se tourmenter d'ça ,
Ah !

BAPTISTE.

Dites donc , la Bourguignotte ?

CHARLOTTE.

J'sommes pas Bourguignotte , messieurs les soldats , j'sommes Normande.

CHARLES.

Tiens , Normande ! j'aime les gens de ce pays-là , moi !

BAPTISTE.

Moi aussi , c'est dommage qu'ils fassent leurs vendanges à coups de gaules.

CHARLOTTE.

C'est vrai que l' cidre vaut pas l' vin ! mais c' n'est tout d' même pas méchant non plus !

BAPTISTE.

Et puis, les femmes de ce pays-là sont si avantageuses pour le militaire , si aimables !

CHARLOTTE.

Ça, c'est encore vrai que les femmes d'chez nous sont itou ben agriables : c'est pas pour moi que j'dis ça ; je l'suis assez pour c'que j'ons à faire.

AIR : Dam', ma mère , est-ce que j' sais-ça !

Quand on n'est qu'un' fille d'ferme,
On n'a pas l'temps d's'amuser ;
L'travail va toujours si ferme ,
Qu'on n'peut seul'ment pas causer.
L'amour, c'est c'qui m'fait d'la peine ,
Loin d'moi bat d'l'ail' pendant l'jour ;
Il a sans dout' peur qu'on l'prenne
Pour un oiseau d'ma bass' cour !

CHARLES.

Chez qui donc servez-vous ?

CHARLOTTE.

Chez le père Vincent.

CHARLES.

Le père Vincent ? Comment se porte-t-il ?

CHARLOTTE.

Il se porte comme un charme. Il vous a une figure, quoi! qu'on dirait qui met du fard! Cependant il a du casse-tête pour le moment.

CHARLES.

Quoi donc?

CHARLOTTE.

Ah! c'est que M. le maire est à Paris d'puis quinze jours, et que l'père Vincent étant un des adjoints, tout l'pays y tombe sur les bras, et c'est lourd.

BAPTISTE.

N'a-t-il pas son collègue l'autre adjoint, pour l'aider?

CHARLOTTE.

Qui ça? le père Scrupule? Oh! celui-là, il a toujours peur de s'mett' dans des embarras, il n'ose rien faire; quand j'disons qui n'fait rien, si fait: quand l'père Vincent dit oui, monsieur Scrupule dit non, de façon et d'manière qu'i n'sont jamais d'accord.

CHARLES.

Dites-moi donc, l'amour, et Mlle Louise, la fille de M. Scrupule, est-elle toujours bien fraîche, bien vive?

BAPTISTE.

Et moi, ma payse, (*à part*) elle est normande, moi bourguignon, mais c'est égal, c'est flatteur pour une femme de s'entendre appeler comme ça! (*haut*) moi, ma payse, je voudrais savoir si Mlle Caroline, la fille du père Vincent, est toujours bien agaçante, si elle aime toujours bien la danse!

CHARLOTTE.

Pourquoi donc c'que vous m'questionnez comme ça, messieurs les soldats? j'n'ai pas le temps, faut q'j'aille donner à manger à mes poules!

BAPTISTE, *la retenant.*

Ah! vous n'êtes pas assez méchante pour ne pas nous répondre.

CHARLOTTE.

J'ai rien à vous dire sur ces d'moiselles; seulement que si Jean Goblot et Louis Grivier savaient que vous m'parlez d'elles comme ça, ils enrageraient joliment!

BAPTISTE.

Comment dites-vous ? Jean Goblot et Louis Grivier ! (*à part*) si on tire un feu d'artifice, v'là une fameuse occasion d'faire partir des pétards.

CHARLOTTE.

Sans doute, puisqu'ils leur z'y font la cour.

CHARLES, *à Baptiste.*

Je te l'avais bien dit.

BAPTISTE, *à Charles.*

Raison de plus pour suivre ton plan.

CHARLES.

La belle enfant, encore un mot : vous pouvez nous rendre le plus grand service.

CHARLOTTE.

Ah ! bah ! laissez donc, vous vous gaussez d'nous !

CHARLES.

Non, foi de soldat.

CHARLOTTE.

En ce cas, parlez.

CHARLES.

Nous avons des raisons majeures pour ne pas être vus actuellement dans ce pays ; faites-nous le plaisir de nous indiquer une maison où nous puissions passer quelques heures.

CHARLOTTE.

J'ons votre affaire ; vous n'avez qu'à venir avec moi chez mon oncle ; c'est un ancien qu'a servi dans la troupe, y vous r'cevra bien...... Il demeure là en face. Ainsi, soyez tranquilles; avec ça.... vous vous amuserez ben itou..... La vendange est finie... et... c'est aujourd'hui que nous devons faire les marcs.

BAPTISTE.

Nous n'pouvions pas arriver plus à propos, la Saint-Charles et les marcs, ça fait double fête !

CHARLOTTE.

AIR : Il faut presser le raisin.

Ah ! dam' ! c'est de c'te manière
Qu'un bon Roi doit êt' fêté ;
Le pressoir est nécessaire
Pour qu'on boive à sa santé !
Henri Quatre, d'la vendange

Appréciant l'jus divin,
A la plus pompeus' louange
Préférait ce gai refrain :
Il faut presser le raisin.

BAPTISTE.

Même air.

Pour célébrer c'te journée,
Resterions-nous assoupis?
L'soleil a mûri c't' année
Nos grappes et nos épis;
Le nectar de la comète
Va donc reparaître enfin,
Et partout chacun répète :
De Charles X, c'est le vin!
Il faut presser le raisin.

(*Ils reprennent en trio, et les deux soldats embrassent Charlotte en lui pressant la taille.*)

SCENE III.

LES MÊMES, EUSTACHE.

EUSTACHE, *qui entre au moment où on embrasse Charlotte.*

Dites donc, camarade, prenez garde de vous blesser.

BAPTISTE.

Oh! n'ayez pas peur.

CHARLOTTE.

(*A part*) Ah! mon Dieu, c'est Eustache! (*haut*) n'faites pas attention, c'est mon prétendu futur.

EUSTACHE.

Que je ne vous dérange pas, mam'selle!

BAPTISTE.

C'est drôle comme il a l'air jovial ce particulier-là.

CHARLOTTE.

N'allez-vous pas encore?...... parce que je cause un brin avec ces messieurs?

BAPTISTE.

C'est vrai..... est-ce qu'on ne peut pas parler à cette jeune fille? Elle n'est pas sourde apparemment.

EUSTACHE.

On croirait que si, puisque vous lui parlez dans le tuyau de l'oreille.

BAPTISTE.

Elle est si gentille..... je voulais la voir de près.

CHARLES.

Avec ça, il a la vue basse.

EUSTACHE.

C'est bon! mais moi, je vois clair, et je sais que vos paroles ressemblaient fièrement à des baisers.

BAPTISTE.

Eh ben! quand ça s'rait! est-ce que nous ne pouvons pas faire des politesses à notre cousine?

CHARLOTTE.

Taisez-vous, vilain jaloux!

EUSTACHE.

Vilain, je n' dis pas non! jaloux, c'est encore possible, mais c'est égal! je m' trouve ben comme ça, et j' vous conseille tretous d'avoir un peu plus d'égards.

CHARLES.

Qui est-ce qui oserait manquer de respect à monsieur Eustache?

BAPTISTE.

Un gaillard qui ressemble au valet de pique..... que c'est à s'y méprendre. Ah! ça, quel grade as-tu donc, toi, pour prendre comme cela le commandement?

EUSTACHE.

AIR : Le briquet frappe la pierre.

J'suis, messieurs, le gard'champêtre.

CHARLES.

Eh bien! vas garder tes champs;

EUSTACHE.

Ah! point de propos méchans!
Tout soldats qu'vous pouvez être,
Vous n'f'rez pas baisser le ton
D'un fonctionnaire du canton. (*bis.*)

BAPTISTE.

R'tiens ta langue, ou sinon j'tape.

EUSTACHE.

Au lieu d'passer votr' chemin.

Pourquoi vous mettr' sous ma main,
En voulant mordre à la grappe
Dans la vigne du voisin ?

BAPTISTE.

Mille bombes ! je suis enchanté d'avoir un cousin comme ce luron-là, et, dans mon contentement, il faut que je l'embrasse..... A toi camarade !...

CHARLES.

Volontiers, mon ancien !

(*Ils pressent tour à tour Eustache dans leurs bras ; ce dernier est tout essoufflé.*)

CHARLOTTE.

Ah ! mon Dieu ! y vont étouffer ce pauvre Eustache.

EUSTACHE.

Ouf ! je n'en puis plus !

BAPTISTE.

Allons, la belle enfant, conduis-nous chez not' oncle.

EUSTACHE.

S'ils embrassent le pauvre cher homme comme ça, je l' plaignons de tout not' cœur.

BAPTISTE.

AIR : J'aime le son du clairon. (*a. de Beauplan.*)

Vite partons,
Et courons
Sans façons
Vers sa chaumière ;
Auprès d'un vieux militaire,
Nous devons
Trouver de vieux flacons.
Oui, j'en suis certain,
Nous allons soudain
Trouver bon accueil et bon vin.

EUSTACHE, *à part.*

Elle va les suivr', la perfide !

CHARLOTTE.

Est-ce qu'il s'rait fâché pour tout d'bon ?

EUSTACHE.

Ell' qu'était aut'fois si timide !

CHARLOTTE.

Lui que j'ai toujours vu si bon !

ENSEMBLE.

BAPTISTE ET CHARLES.

Vite partons,
Et courons, etc., etc.

EUSTACHE.

Sur ces lurons,
Consultons
Sans façons
L'adjoint du maire.
A l'aspect d'un militaire,
Nous devons
Craindre pour nos tendrons.
Allez vot' chemin,
P't-êt' ben qu'avant d'main
J'vous j'f'rai mett' de l'eau dans vot' vin.

CHARLOTTE.

Vite partons,
Et courons
Sans façons
Vers la chaumière;
Mon oncle fut militaire;
Nous allons
Voir sauter les bouchons.
Le fait est certain.
Vous allez soudain
Trouver bon accueil et bon vin.

SCENE IV.

EUSTACHE, *seul.*

Elle ne m'a seulement pas dit un mot, en s'en allant. Je vous le demande, qu'est-ce qu'ils viennent faire ici ces deux gaillards-là? Ce que c'est que les pressentimens!.. Moi, depuis que je suis amoureux, je ne peux pas voir un soldat... sans que le frisson me prenne...:

AIR : Je ne veux pas qu'on me prenne pour un petit babillard.

C'est l'diabl' quand, dans un village,
Des militair's tomb' soudain :

Plus d'amours, plus d'mariage,
Partout ils vous barr' le ch'min.
Avec leurs brillans panaches,
Ils donn' dans l'œil aux tendrons,
Et puis, avec leurs moustaches,
Ils font la barbe aux garçons.

Ils ont tous, ces mauvais' têtes,
Vaincu dans trent'-six pays;
Et l'habitud' des conquêtes
N'les a pas quittés depuis.
S'ils ont pris des plac' de guerre,
Malgré de rudes combats;
Nos fill', qui n'se défend' guère,
Ben sûr n'en réchapp'ront pas.

Le plus souvent que je crois à leur parenté avec Charlotte! je suis sûr qu'ils seraient bien embarrassés, si on leux y demandait leur extrait de baptême. Patience, je ne vas pas les perdre de vue. J'crois qu'j'entends M. Vincent, l'un d'nos adjoints; rengaînons notre amour pour ne songer qu'au devoir.

SCENE V.

EUSTACHE, VINCENT, M. SCRUPULE.

VINCENT.

Ah! te voilà Eustache; tu vas, sans perdre de temps, faire publier au bruit de la caisse l'annonce que voici.

EUSTACHE, *en s'en allant.*

Ça va être fait dans la minute.

SCRUPULE, *l'appelant.*

Eustache! eh, Eustache!.... il faut, toute affaire cessante, proclamer au son du tambour l'avis important ci-inclus.

EUSTACHE.

Vous pouvez compter sur moi : (*à part*) nous allons faire d'une pierre deux coups.

SCENE VI.

VINCENT, SCRUPULE.

VINCENT, *à part.*

Si j'avais consulté mon collègue, M. Scrupule, il n'aurait pas été de mon avis; ma foi, pour aujourd'hui je prends tout sur moi.

SCRUPULE, *à part.*

Mon cher collègue en dira ce qu'il voudra, mais je crois devoir cette fois-ci agir sans sa participation.

VINCENT.

Ah! c'est vous, voisin! vous voilà de bonne heure en route.

SCRUPULE.

L'absence de monsieur le maire me donne tant d'occupation...

VINCENT.

Mais, je ne vois pas....

SCRUPULE.

C'est possible que vous ne voyez pas ça, vous, mon cher Vincent; mais aussi, entre nous, vous vous connaissez bien plus en culture qu'en administration.

VINCENT.

Écoutez donc; si je suis vigneron, y m'semble, M. Scrupule, que vous étiez encore, il y a six mois, apothicaire.

SCRUPULE.

Mon cher, je sais des choses auxquelles vous n'entendez rien.

VINCENT,

C'est possible... mais permettez-moi de vous dire que vous êtes trop tâtonneux et que vous ne savez vous décider sur rien.

SCRUPULE.

Écoutez donc, je ne veux pas me compromettre; mais laissons cela, je vous prie. A propos! et votre fils, vous a-t-il donné de ses nouvelles?

VINCENT.

Aucune... et le vôtre?

SCRUPULE.

Pas davantage.

VINCENT.

Je n'y conçois rien.

SCRUPULE.

Ni moi.

VINCENT.

Ma fille se désole.

SCRUPULE.

La mienne se chagrine.

VINCENT.

Je lui ai pourtant écrit qu'on n'attendait que lui pour les fiançailles.

SCRUPULE.

J'ai écrit au mien la même chose.

VINCENT.

Que voulez-vous, voisin? si ces mariages-là ne se font pas, nos filles ne manqueront pas pour cela d'épouseurs... Ah ça, vous serez des nôtres aujourd'hui... j'ai donné l'ordre qu'on ouvrît les pressoirs, qu'on commençât les marcs, et tout cela à l'occasion de la Saint-Charles.

SCRUPULE.

Mais avant tout, il faudrait une autorisation de M. le maire qui nous permît de nous divertir.

VINCENT.

Comment ! parce qu'il est absent, nous ne pourrons pas chanter et danser sans lui ?

SCRUPULE.

Sans son autorisation spéciale, cela ne serait pas convenable.

VINCENT.

Allons donc, vous voulez rire ! Ne sommes-nous pas ses adjoints ?

SCRUPULE.

D'accord.

VINCENT.

Eh bien ! j'use de mon pouvoir.

SCRUPULE.

Et moi, qui sens tout ce que je dois à M. le maire, je me garde bien de me prononcer en son absence.

VINCENT.

AIR : Fragmens du duo de la Fausse Magie.

Quoi ! nous n'aurons pas de fête ?

SCRUPULE.

Non !

VINCENT.

Si !

SCRUPULE.

Non, je vous le répète !

VINCENT.

Oui ! (*bis.*)

SCRUPULE.

Non ! (*bis.*)

VINCENT.

Pas de fête !
Mais a-t-il perdu la tête ?

SCRUPULE.

J'y perdrai plutôt mon nom !

VINCENT.

Ah ! de nous que dira-t-on,
Quand partout chacun s'apprête :

SCRUPULE.

Ma volonté sera faite.

VINCENT.

Mais, partout chacun s'apprête !

SCRUPULE.

J'en suis fâché.

VINCENT.

Quoi ! tout de bon,
Rien, hélas ! ne vous arrête ?

SCRUPULE.

Ma volonté sera faite.

VINCENT.

Quoi? nous n'aurons pas de fête ! etc.

SCRUPULE.

Chacun sait ce qu'il doit faire, (*bis.*)
Et mon devoir m'est dicté...

VINCENT.

Jamais, je ne puis le taire,
On ne fut plus entêté.

SCRUPULE.

S'il faut, malgré ma défense,

Que l'on chante et que l'on danse,
Bien sûr on me le paîra.

VINCENT.

Nous prendrons cette licence,
Et puis après l'on verra.
Ah! le pauvre homme!
Vraiment, il ne voit pas comme
Chacun doit
Le montrer au doigt.

SCRUPULE.

Ah! le pauvre homme!
Vraiment il ne voit pas comme
Chacun doit
Le montrer au doigt.

(*Le tambour se fait entendre.*

VINCENT, *à part.*

Bon! voilà Eustache qui fait mon annonce.

SCRUPULE, *à part.*

Les habitans du village vont connaître mes intentions.

VINCENT.

Adieu, cher collègue! Nous verrons laquelle de nos volontés sera exécutée.

SCRUPULE, *en s'en allant.*

En vérité, ça fait pitié de voir un homme comme celui-là se mêler des affaires de la commune.

SCENE VII.

EUSTACHE ET DEUX TAMBOURS; VILLAGEOIS ET VILLAGEOISES.
(*Le tambour bat le rappel : les villageois entourent Eustache.*)

EUSTACHE.

En voilà assez... Il n'en finira pas avec son roulement! silence! s'il vous plaît (*lisant*) : « Les habitans de cette commune sont prévenus que des réjouissances publiques auront lieu aujourd'hui, à l'occasion de la fête de Sa Majesté; tous les travaux, en raison de cette circonstance, sont suspendus. Le sieur Eustache, garde-champêtre, est chargé, en ce qui le concerne, de l'exécution du présent arrêté. »

Le premier adjoint du maire, *signé* VINCENT.

(*Le tambour fait un roulement : les villageois font mine de s'en aller.*)

EUSTACHE.

Un instant, Messieurs et Mesdames, ce n'est pas encore tout...

(*Le tambour bat le rappel de nouveau.*)

« On fait savoir aux habitans de cette commune que, attendu l'absence de M. le maire, la fête qui devait avoir lieu est ajournée jusqu'à son retour.

« Le sieur Eustache, garde-champêtre, est chargé, en ce qui le concerne, de l'exécution du présent arrêté. »

Le deuxième adjoint de M. le maire, *signé* SCRUPULE.

(*Le tambour fait un roulement.*)

EUSTACHE.

Ah ! ça, vous autres, d'après ce que vous v'nez d'entendre, n'y a pas besoin d' vous répéter c'qui vous reste à faire, vous l'comprenez, j'espère !

UN PAYSAN.

Pardon, excuse, M. Eustache, mais i'nous semblont qu'ça n'est pas clair !

EUSTACHE.

Comment, c'est pas clair ! Est-ce que l'ordonnance de M. Vincent ne vous dit pas, qu'attendu qu'c'est aujourd'hui grande fête, il y a réjouissance dans l'endroit ?

UN AUTRE PAYSAN.

Ah ! tant mieux ! ça fait qu'j'allons nous en donner !

EUSTACHE.

Qu'est-c'que tu dis, toi ?

LE MEME PAYSAN.

J'dis qu'j'allons nous en donner !

EUSTACHE.

Avise-toi de ça ! Est-ce que tu n'as pas entendu l'autre proclamation, imbécille ? (*Il lit*) « Attendu l'absence de M. le maire, etc., etc. »

LE PREMIER PAYSAN.

Eh bien ! auquel des deux faut-il qu'j'obéissions ?

EUSTACHE.

Auquel des deux ? à tous les deux, nigaud ! Ont-ils la tête dure donc !

TOUS *riant.*

Ah ! à tous les deux?

EUSTACHE.

Sans doute, à tous les deux! et manquez-y, vous verrez!..

LE PREMIER PAYSAN.

Quoi donc!

EUSTACHE.

Et les amendes? on les a inventées pour des prunes, n'est-ce pas? Oh! là-dessus j' vous tiendrai ferme! comme il y va d' ma place, vous pouvez compter sur moi... Encore une fois j' vous en préviens, divertissez-vous, ou à l'amende; mais d'un autre côté si j'entends seulement un violon, autre amende! des amendes comme s'il en pleuvait, je ne connais que ça, et ma place!

CHŒUR.

AIR : de la Galopade.

Voyez-vous le malin
Comme i' veut fair' le fin!
Il nous épouvante,
J' m'en vante;
Deux ordres à la fois!
Il perd l'esprit, je crois;
De lui
Moquons-nous aujourd'hui.

EUSTACHE.

Ah! vous vous en moquez!
Et vous me provoquez!
Ça vous sera fatal;
Gare au procès-verbal!

CHŒUR.

Voyez-vous le malin, etc.

(Le chœur sort.)

SCENE VIII.

EUSTACHE, *seul.*

Allons Eustache, de l'énergie! n'oublions pas que je représente à moi seul la force armée du pays!

AIR : Soldat français né d'obscurs laboureurs, ou air de la Sentinelle.

Garde-champêt', j' suis une autorité,
Dont la puissanc' n'est pas une chimère :
Ne suis-je pas assermenté,
Et n'ai-je pas ma bandoulière?
Les oiseaux ont peur, c'est certain,
Du mann'quin qu'aux champs on expose ;
Moi, quand j'ai la hall'barde en main,
Puisqu'on dit qu' je r'semble au mann'quin,
J' veux qu'on m' respecte la mêm' chose.

Cependant j' suis un peu en suspens; y en a un qui veut qu'on s'amuse, l'aut' qu'on travaille; comment me tirer de là? n'y a pas à dire, i faut nager entre deux eaux; ce n'est pas encore ça qui m' chiffonne le plus, c'est les soi-disant cousins d' Charlotte! Ils lui ont donné un baiser, quoi! qu' ça sonnait comme une cloche! Si c'est pas l'enfer qu' d'êt' garde-champêtre, amoureux et jaloux! La voilà, y faut que j'aie le cœur net là-d'sus!

SCENE IX.

CHARLOTTE, EUSTACHE.

EUSTACHE.

Eh bien! la belle normande, vos cousins sont-ils remisés? leurs y avez-vous ben bassiné leur lit? Ils ont l'air bons enfans, vos cousins!

CHARLOTTE.

Ah! dame, M. Eustache, c'est deux militaires ben avenans tout d' même!

EUSTACHE.

C'est p't-êt' des cousins germains?

CHARLOTTE.

A la mode d' Bretagne, monsieur Eustache!

EUSTACHE.

N'êtes-vous pas honteuse, mademoiselle Charlotte, de vous conduire comme ça pour un fonctionnaire, qui a le malheur d'avoir une faiblesse à vot' égard!

CHARLOTTE.

Qu'est-c' que j' vous ai donc fait?

EUSTACHE.

C' que vous m'avez fait? et le baiser qu'ils vous ont donné à ma barbe?

CHARLOTTE.

AIR : Comme il m'aimait.

N'ayez pas peur, (*bis.*)
C' n'est pas un baiser d' contrebande :
N'ayez pas peur, (*bis.*)
C'était en tout bien, tout honneur!
Que craignez-vous? je vous l' demande!
Je sommes femme, et j' sommes Normande!
N'ayez pas peur. (4 *fois.*)

EUSTACHE.

Dieu! une demoiselle qui s' laisse embrasser par des cousins qui ont des moustaches! car enfin, qui sont-ils? d'où viennent-ils, et que font-ils?

CHARLOTTE.

Vous l' saurez point, j'aime point les jaloux!

EUSTACHE.

Vous n' voulez pas me l' dire?

CHARLOTTE.

J' vous l' dirai point!

EUSTACHE.

Eh bien! je m' fâche, ingrate, après tous les sacrifices que j'ai faits pour elle!

EUSTACHE.

AIR : C'est téméraire, c'est imprudent.

De ma colère
Ils sentiront
Tout l' poids, et bientôt, je l'espère.
D' leur insolence
Et d' vot' silence,
Ainsi qu' vous, ils se r'pentiront.

CHARLOTTE.

Allez, allez, j' somm's sans alarme.

EUSTACHE.

Vous voulez donc m' pousser à bout?

CHARLOTTE.

Ceux qui font si tell'ment d' vacarme,
C'est qu'i' n' veul't rien faire du tout!

ENSEMBLE.

EUSTACHE.

De ma colère, etc.

CHARLOTTE.

De vot' colère
Comme j'rirons!
Ell' s'apais'ra bientôt, j'espère,
Et d'vot' jactance,
D'vot' insolence,
Par après comm' j'nous moq'rons!
(*Eustache sort en colère.*)

SCENE X.

CHARLOTTE *seule.*

Au fait! d'quoi donc qu'j'aurais peur? y peut ben leur y faire tout c' qui voudra! j' les connais pas! quoiqu' ça, j'ai peut-êt' eu tort d' les conduire cheux mon oncle! des hommes qu'on n'a jamais vus et qui d'mandent à s' cacher! bah! ils ont l'air de braves gens; et puis d'ailleurs v'là des papiers qui nous diront peut-être c' qui sont..... n'y a qu'un obstacle, c'est que j'ons oublié d'apprendre à déchiffrer l'écriture (*elle regarde les papiers*).

AIR: Vaudeville du passe-partout.

J'avons beau m'mett' à la torture,
Je n'pouvons rien d'viner, rien voir!
V'là d'l'imprimé, v'là d'l'écriture,
Tout ça c'n'est qu'du blanc et du noir: (*bis.*)
Pass' pour ne pas savoir écrire,
C'est moins util' dans l'instruction;
Mais voyez donc comm' de n'pas savoir lire,
Ça vous manque une éducation!

Voyant venir Caroline.

Ah! v'là la fille de not' bourgeois; elle en sait plus long que nous, elle va p't-êt.......

SCENE XI.

CHARLOTTE, CAROLINE.

CHARLOTTE.

Ah! mam'selle, vous v'la ben à propos; figurez-vous qu'il est arrivé ici deux biaux jeunes gens à ce matin.

CAROLINE.

Vraiment?

CHARLOTTE.

Oui, des militaires.

CAROLINE, *vivement.*

Des militaires!.... et tu ne les connais pas?

CHARLOTTE.

Mon Dieu! non...., v'là qui m'ont demandé comme ça un logement. Moi j' les ai conduits chez mon oncle, mais j' me suis dit : si c'était par hasard des.... dame on ne sait pas.... comment faire pour savoir...., j'en étions là, à refléchir, quand un de ces beaux jeunes hommes a laissé tomber ces papiers-là; comme je n' savons pas lire, j'vous l'apportons pour qu' vous voyiez si y aurait moyen de découvrir quenque chose.

CAROLINE.

Si c'était...... donne! donne!

CHARLOTTE.

Tenez, mam'selle, voilà.

CAROLINE, *qui a parcouru les papiers.*

Grand Dieu! Charles! Baptiste! mon frère! mon.... oh! que je suis contente..

CHARLOTTE.

Qu'est-ce qui vous prend donc?

CAROLINE.

Oh! tu ne te doutes pas..... (*elle crie*).... Louise! Louise! viens vite..... Louise! Louise!..... Elle n'arrivera pas.

SCENE XII.

LES MÊMES, LOUISE.

LOUISE, *sortant.*

Bon Dieu! comment Caroline, c'est toi qui fais tout ce bruit!

CAROLINE.

Sans doute, c'est moi. Oh! si tu savais! Charles! Baptiste! ils sont ici; tiens, regarde.

(*Elle lui montre les papiers.*)

LOUISE.

C'est-il bien vrai? ah! quel bonheur! je cours les embrasser...

CAROLINE.

Un moment..... Il paraît qu'ils ne veulent pas qu'on sache leur arrivée.

LOUISE.

Mais pourquoi ce mystère?

CAROLINE.

En effet, je n'y comprends rien.

CHARLOTTE.

Bah! y font ben plus qu'ça! ils s'déguisont, afin, disent-ils, d'éprouver... parce qu'ils ont des soupçons; d'autant plus qu' l'absence... est-ce que j'sais moi?... enfin, j'croyons qu'c'est encore des jaloux, comme Eustache.

CAROLINE.

Oui-dà! ces beaux messieurs auraient-ils l'intention de nous mettre à l'épreuve?

LOUISE.

Il se pourrait!

CAROLINE.

Ça leur va bien.

LOUISE.

Il faut nous venger.

CAROLINE.

Et les faire bien enrager... Charlotte, garde encore pendant quelques heures notre secret..... je te promets de te faire épouser Eustache.

CHARLOTTE.

Ah ! mam'selle, du moment qu'il s'agit de faire enrager des garçons, j'en suis, moi.

LOUISE.

Oh ! nous allons bien rire.

CAROLINE.

Je m'en fais d'avance une fête.

LOUISE.

AIR nouveau de Béancourt.

Ah ! quel plaisir que la vengeance !
Bientôt, messieurs, nous vous ferons.
Regretter votre méfiance.

CAROLINE.

Puisque après nous pardonnerons,
Ah ! quel plaisir que la vengeance ! (*bis.*)

CHARLOTTE, *grotesquement.*

Oh ! oui, c'est fameux la vengeance !
Eustach', vous n'l'éviterez point :
Pour punir votre impertinence,
Si j'vous flanquais queuq' bon coup d'poing...
Ah ! quel plaisir que la vengeance ! (*bis.*)

LOUISE.

Dis donc, Charlotte, voilà deux paysans que je n'connais pas.

CHARLOTTE.

Eh ! mam'selle, ce sont eux !

CAROLINE.

En vérité?... vite, mettons-nous à danser, afin de leur faire croire que leur absence ne nous chagrine pas du tout.

AIR : De la Neige.

Danse gaîment
Et légèrement,
Fillette
Gentille et coquette,
Car, en dansant,
Ta grace souvent
Peut te conquérir un amant.
(*Toutes les trois en dansant.*)
Danse gaîment
Et légèrement, etc, etc.

LOUISE.

Jamais je ne me fatigue :
Vraiment, j'éprouve au bal
Un plaisir sans égal!

CAROLINE.

Bravant la walse et la gigue,
Je ne veux pas, ce soir,
Un seul instant m'asseoir.

CHARLOTTE.

Entre mille danseurs,
J'partag'rais mes faveurs,
Qu'on m'dis' fait's moi l'honneur,
Et j' promets d'accepter de bon cœur.

TOUTES.

Danse gaîment
Et légèrement,
Fillette
Gentille et coquette ;
Car bien souvent
Ta grâce, en dansant,
T'assure le cœur d'un amant.

SCENE XIII.

CAROLINE. LOUISE, CHARLOTTE, CHARLES ET BAPTISTE, *déguisés en gros vignerons.*

BAPTISTE, *les abordant et les saluant.*
(*avec l'accent villageois.*)

Y' parait qu'v'là des jeunesses qui n'engendront pas la mélancolie.

CHARLOTTE, *bas à Louise et à Caroline.*

Regardez donc comme ils sont bien déguisés!
(*Elle montre les moustaches des deux jeunes gens.*)

LOUISE.

Comme vous voyez ; quand on est jeune faut ben s'divertir!

CHARLES, *avec l'accent villageois.*

C'est juste, et d'ailleurs c'est toujours un à-compte de pris sur le plaisir d'à ce soir.

CHARLOTTE.

Histoire tant seul'ment de s' dérouiller un peu les jambes.

CAROLINE.

D'ailleurs pourquoi serions-nous tristes ? nous n'avons aucun sujet pour ça !

AIR : On est si méchant au village,
ou Paris et le Village.

De quoi donc nous plaindrions-nous ?
Partout on nous fête à la ronde;
Les complimens et les yeux doux,
Nous pleuvent d'la part de tout l' monde ;
Aux alentours, tout comme ici,
A la dans' chacun nous engage :
Pour nous fai' la cour, Dieu merci,
Il ne manq' pas d' garçons au village.

BAPTISTE, *bas à Charles.*

C'est toujours agréable à savoir !

LOUISE.

Même air.

Pour nous épouser, chaque jour,
L'on nous tourmente, l'on nous presse ;
Les uns nous parlent d'leur amour,
Les aut's nous parlent d' leur richesse :
Nous n'avons pas l'air d'y songer,
Et c'est pour qu'nous ayons, je gage,
Le plaisir d' les faire enrager,
Qu'i' y a tant d'jaloux dans l'village.

CHARLES, *bas à Eustache.*

On dirait qu'elle envoie ce paquet-là à notre adresse. (*haut.*) Vous avez l'air en effet de deux pastourelles ben coquettes ; mais, ça n'empêchera pas, n'est-ce pas, que nous n'essayons tantôt un petit rigaudon ensemble.

LOUISE.

Pourquoi pas ?

BAPTISTE.

Et les amoureux qu'est-ce qu'ils diront ?

CAROLINE.

Lesquels ?

CHARLES.

Comment lesquels ! nous en avons donc plusieurs ?

CHARLOTTE, *à part.*

Attrape !

LOUISE.

Tiens ! sans doute, nous en avons ici et puis encore à l'armée.

BAPTISTE.

C'est une bonne précaution pour un cas de disette ! mais si ceux de l'armée savaient ça ?

CHARLOTTE, *bas à Caroline et à Louise.*

R'gardez-les donc, comme ça leu's y baille du tintoin !

CAROLINE.

Qu'est-ce qu'ils auraient le droit de dire? voilà plus de deux mois qu'ils ne nous ont donné de leurs nouvelles !

CHARLES.

C'est p'-têt' pas d'leur faute!

BAPTISTE, *avec ironie.*

J'suis d'l'avis de mad'moiselle, moi; l'moyen d'rester attaché à des hommes dont on n'entend pas parler pendant deux mois ?

AIR : Restez troupe jolie.

Deux mois sans donner d'ses nouvelles,
C'est laisser languir les amours ;
Y a d'quoi lasser les plus fidèles,
Au régiment on n'a qu'deux jours,
Après quoi, sans plus de détours,
Les capitain's qui jouent leurs rôles,
Ayant la discipline à cœur,
Vous font rayer d'sus les contrôles,
Et vous passez pour déserteur !

CHARLES, *bas à Baptiste.*

Tu arranges joliment nos affaires !

CAROLINE.

Puisque vous êtes de notre avis, vous, M. le vigneron, je vous promets d'êt' vot' danseuse ce soir, si vous le voulez.

BAPTISTE.

Pas de refus; tout justement je ne suis pas retenu.

CHARLES, *à part.*

Les perfides! (*haut, à Louise.*) Mademoiselle est invitée pour la première ?

LOUISE.

Non, monsieur, j'accepte!

CHARLOTTE, *à part.*

C'te contredanse-là, ça s'ra le carrillon de Dunkerque!

ENSEMBLE.

AIR : Du Carillon de Dunkerque.

Messieurs les militaires,
Le sexe n'vous craint guères;
Le plus fin d'entre vous
Est un p'tit garçon près d'nous!

LOUISE ET CAROLINE.

Messieurs les militaires,
Nous ne vous craignons guères;
Le plus fin d'entre vous
Doit se mettre à nos genoux.

CHARLES, BAPTISTE.

Ah! pauvres militaires,
Que je plains vos misères!
On vous oublie... et quels coups
On vous porte loin de vous!

LOUISE ET CAROLINE.

Vous verrez, je l'espère,
Comme je suis légère!

CHARLOTTE.

J'savons fair' l'entrechat!

CHARLES ET BAPTISTE.

On fait la queu' du chat!

ENSEMBLE.

Messieurs les militaires, etc., etc.

(*Louise, Caroline et Charlotte sortent.*)

SCENE XIV.

CHARLES, BAPTISTE.

BAPTISTE.

Eh ben! mon sergent, j'espère que voilà deux conscrits qui en feraient voir aux anciens. Hein! si on gagnait des chevrons dans ce régiment-là, qu'est-ce que t'en dis?

CHARLES.

Je dis que c'est une horreur, et qu'on n'a jamais vu pareille perfidie. Pourquoi diable aussi avons-nous voulu en savoir tant ?

BAPTISTE.

Pour en apprendre moins plus tard ; mais crois-moi viens reprendre nos uniformes ! montrons nous ; et n'oublions pas que personne ne doit être triste aujourd'hui. (*Voyant Eustache.*) Tiens v'là déjà pour nous égayer c'te figure de Chinois qui nous a fait rire c'matin !

SCENE XV.

LES MÊMES, EUSTACHE.

EUSTACHE, *accourant.*

Eh ! dites donc, les autres ! est-ce que vous n' venez pas au-d'vant de monsieur le maire ? v'là qu'il arrive !

BAPTISTE.

Monsieur le maire ! raison de plus, dépêchons-nous !

(*Baptiste et Charles sortent.*)

EUSTACHE, *les regardant partir.*

Je ne me trompe pas, c'est les cousins de tantôt ; ils sont déguisés, ils prennent leurs jambes à leur cou quand on leur parle de monsieur le maire ; plus de doute, c'est des malfaiteurs ! Je vous tiens, mes amis, nous allons rire !

SCENE XVI.

LES MÊMES, M. DERCOURT, VINCENT, SCRUPULE, LOUISE, CAROLINE.

LES VILLAGEOIS.

AIR : Du valet de chambre.

C'est l'amitié (*bis.*)
Qui vient inspirer notre hommage.
C'est l'amitié (*bis.*)
Qui dans nos chants est de moitié.

Chacun respecte dans l'village
Notre mair' si bon et si sage,
Mais c'qui maint'nant nous met sur pié,
C'est l'amitié. (*ter.*)

M. DERCOURT.

Mes bons amis, je suis on ne peut plus sensible aux marques d'attachement que vous me donnez... Mais, je croyais vous trouver au milieu des danses, des plaisirs.

VINCENT.

Ah! soyez tranquille; nous avons donné des ordres pour cela.... Si nous sommes un peu en retard, c'est que Monsieur Scrupule a fait tout le contraire; aussi je m'en souviendrai.

SCRUPULE.

J'ai dû attendre les intentions de M. le maire avant de rien ordonner.

M. DERCOURT.

Mon cher Scrupule, l'influence de votre nom vous domine un peu trop.... J'approuve, Vincent, tout ce que vous avez fait! cette journée doit être consacrée à la joie.

AIR : du Carnaval, de Béranger.

Lorsque le ciel nous donne l'abondance,
Et nous accorde un monarque chéri,
Ne faut-il pas de la reconnaissance
Que les accens s'élèvent jusqu'à lui?
Ah! dans ce jour, sans doute, il n'est personne
Qui de bon cœur ne répète avec moi:
Chantons, amis, car la récolte est bonne,
Chantons, amis, c'est la fête du Roi.

TOUS EN CHŒUR.

Chantons, amis, car la récolte, etc.

VINCENT.

A la bonne heure, au moins! v'là les difficultés qui sont levées.

SCRUPULE.

Du moment que c'est l'intention de M. le maire qu'on s'amuse, je suis loin de m'opposer à ce que tout le monde soit gai, et moi-même je prétends donner l'exemple de la joie la plus vive.

EUSTACHE.

Un instant! j'ai un rapport à faire à M. le maire! Figurez-vous, monsieur le maire, qu'il est arrivé depuis deux heures dans le village deux individus, sans aveu, qui se sont présentés d'abord sous le costume militaire, et qui après ont usurpé celui de paysan; tant il y a qu'ils chantent, qu'ils dansent, qu'ils embrassent les filles, qu'ils ont l'air de se moquer de tout le monde en général et des gardes-champêtres en particulier; et, par conséquent, je lèverais la main que c'est des mauvais sujets qu'il devient urgent d'éloigner de la commune.

M. DERCOURT.

Où sont ils? je veux les voir!

EUSTACHE.

Suffit, M. le maire, je les tiens là en surveillance! (*à la porte de la cabane de l'oncle de Charlotte.*) De la part de M. le maire, les soldats ici dedans sont requis de se présenter incontinent devant lui!

SCENE XVII.

LES PRECEDENS, BAPTISTE, CHARLES, *en grande tenue.*

BAPTISTE et CHARLES.

AIR : Me Voilà! (de la Clochette.)

Nous voilà! (*bis.*)
Que l'honneur nous appelle.
Nous voilà! (*bis.*)
Soldat Français fidèle,
Toujours sera
Plein d'ardeur et de zèle.
Je suis là,
Me voilà,
Je suis là.

VINCENT.

Que vois-je? c'est mon garçon!

SCRUPULE.

C'est le mien!

CHARLES.

Pas encore général.

BAPTISTE.

Toujours triste comme vous voyez.

EUSTACHE.

Encore un changement de costume.

(*Charles et Baptiste embrassent leur père.*)

M. DERCOURT.

J'espère que voilà une surprise qui ne fera qu'ajouter aux plaisirs de la journée! Ah ça! n'a-t-il pas été question de mariage entre ces jeunes gens-là?

VINCENT.

Oui, colonel, mais je ne sais pas si nos petits démêlés administratifs n'ont rien changé aux dispositions de mon collègue.

DERCOURT.

AIR : Elle est à moi.

Au nom du Roi, (*bis.*)
Je veux qu'on se réconcilie.

SCRUPULE.

Au nom du Roi, (*bis.*)
Ah! je ne puis résister, moi.

VINCENT.

Eh ben! qu'tout' rancun' soit bannie
Au nom du Roi. (4 *fois.*)

BAPTISTE.

Nous ne demandrions pas mieux non plus, nous autres, mais par malheur nous avons vu ce matin des choses...

CHARLES.

Devant nous ces demoiselles ont donné rendez-vous à deux garçons.

CAROLINE, *baissant les yeux.*

Ça, c'est la vérité, M. le maire.

CHARLOTTE.

J'en somm's témoin!

EUSTACHE.

J'vous conseille de parler, vous!

LOUISE.

Ces garçons-là nous ont paru si aimables!

CAROLINE.

Et nous comptons bien les épouser.

DERCOURT.

Vous renoncez donc...

CHARLOTTE.

Mais non, M. le maire, elles n'y renoncent pas; les jeunes hommes de c'matin c'étaient eux qu'aviont pris l'costume d'nos vignerons, et je l'savions toutes! Comment, vous ne vous êtes pas aperçu qu'on se riait d'vous?

EUSTACHE.

Et moi, pour un garde-champêtre, qui n'avais pas deviné l'égnime!

LOUISE et CAROLINE, *montrant les papiers.*

Et voilà le mot.

BAPTISTE et CHARLES.

Nos feuilles de route!

CAROLINE.

Que vous avez laissé tomber!

LOUISE.

Que Charlotte a ramassées et nous a remises.

CHARLOTTE.

Dites donc! et vos moustaches, ça ne paraissait presque pas!

BAPTISTE.

V'là ce que c'est que de n'être par des blancs-becs!

DERCOURT.

Voilà qui est clair! Il n'y a plus d'obstacles!

CHARLES.

Absolument aucun.

BAPTISTE.

C'était là l'seul anicroche.

VINCENT, *à Scrupule.*

Vous y consentez, collègue?

SCRUPULE.

Puisque M. le maire...

EUSTACHE.

Pendant que vous êtes en train, M. le maire, nous v'là aussi nous deux, (*montrant Charlotte*).

DERCOURT.

Eh bien! volontiers, mes enfans, mariez-vous! et pour

que vous n'oubliez pas ce jour, je me charge de doter la future.

CHARLOTTE.

Enfin j'ai retrouvé mon Eustache !

EUSTACHE.

Et tu peux te vanter qu'il a le fil! (*aux paysans*). Décidément, vous autres, vous pouvez vous divertir! Je suis chargé, en ce qui me concerne, de l'exécution du présent arrêté!

VAUDEVILLE FINAL.

AIR : De la Ronde du Maçon.

DERCOURT.

Oui, mes amis, que l'allégresse
Eclate en joyeuses chansons ;
Qu'à nos chants Charles reconnaisse
Tout l'amour de ses Bourguignons.
Ah! pour une fête aussi chère,
Tous gaîment videz votre verre,
La vendange le remplira ;
Du courage
A l'ouvrage,
Les tonneaux sont toujours là.

VINCENT.

L'homm' se plaint toujours sur la terre ;
Chacun, hélas! voudrait briller!
Moi, je n'craindrai pas la misère,
Tant qu'mes bras pourront travailler.
Plein d'confianc' dans la Providence,
Je m'dis : dans le champ qu'j'ensemence,
Ça poussera, ça mûrira ;
Du courage
A l'ouvrage,
Le soleil est toujours là.

SCRUPULE.

Chez l'hymen, comme à la mairie
Souvent on voit des suppléants,
Et le barbon qui se marie
Doit redouter mille accidens.
Près de femme au gentil corsage,

Si l'on ne montre en son ménage
Que l'on est là,
Et que l'on a
Du courage
A l'ouvrage,
Les adjoints sont toujours là.

LOUISE.

En tous lieux, calmant les alarmes,
Faisant partout régner la paix,
D'l'indigence essuyant les larmes,
Voilà bien nos princes français'
Vous, dont l'incendie et l'orage
Viennent dévaster l'héritage,
Vous tous que le malheur frappa...
Du courage. (*bis.*)
Les Bourbons sont toujours là.

CHARLES.

Avec ivresse on se retrace
Le doux règne du Béarnais,
Sa bonté, sa valeur, sa grace,
Et ses paroles, et ses traits;
Parmi nous que Charles s'avance,
Plein d'amour et de confiance,
Chacun ici répétera :
Pour la France, (*bis.*)
Henri-Quatre est toujours là.

CAROLINE.

A Paris, souvent on publie
Qu' la vertu n'habit' plus les champs;
Moi, j'réponds qu' c'est la jalousie
Qui fait t'uir ces propos méchans :
Est-c' que tous les ans dans l' village,
On n' couronn' pas un' fille sage?
Tourmentez-vous donc après ça...
Du courage, (*bis.*)
Les rosièr's sont toujours là.

BAPTISTE.

Un hussard qui s'met en ménage
Doit souvent livrer des combats;
Plus d'un cosaq' dans l' mariage
Vient chez vous pousser des hourras :
Moi, c' n'est pas ça qui m'effarouche,
J'ai l'habitud' de l'escarmouche;

Pour fai' tourner plus vit' que ça
La casaque
Au cosaque,
Les hussards sont toujours là.

EUSTACHE.

Dans ce pays ils sont indignes,
D' leurs propos j' devrais être las;
Ils dis'nt parc' que j'veille sur les vignes,
Qu' j'ai les jamb's comm' des échalas!
C'est possibl', mais j' suis de r'ssource
Pour la danse ainsi qu' pour la course:
Le sex' le sait, et c'est pour ça
Qu'on m' préfère,
Et qu' pour plaire
L' gard' champêtre est toujours là.

CHARLOTTE, *au public.*

Les auteurs de cette bluette
Craignaient, messieurs, votre rigueur:
Pour calmer leur ame inquiète,
Moi, j' leur ai dit: point de frayeur:
Quand c'est l' cœur qui dicte un ouvrage,
Lorsque, dans un naïf langage,
On peint ce que l'on éprouva,
Du courage, (*bis.*)
L'indulgence est toujours là.

FIN.

www.ingramcontent.com/pod-product-compliance
Lightning Source LLC
LaVergne TN
LVHW050219180726
843501LV00013BA/2160